TENTATIVES DE RÉGICIDE.

INVIOLABILITÉ DU ROI.

LIBERTÉ DE LA PRESSE.

TRADUCTION D'UN ARTICLE DE LA *REVUE ESPAGNOLE*.

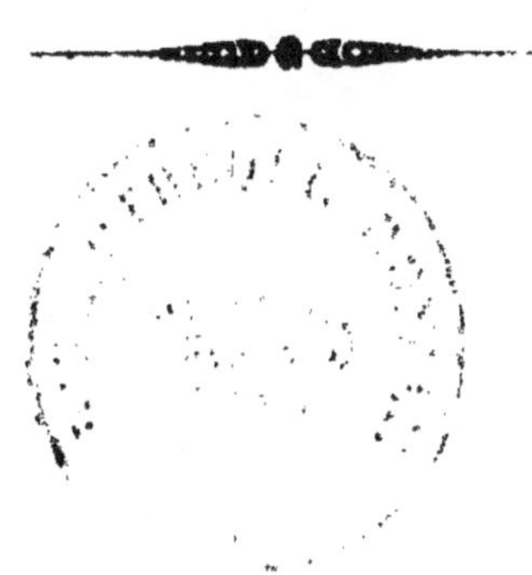

PARIS.

IMPRIMERIE LE NORMANT,
RUE DE SEINE, N° 8, F. S. G.

—

1837

Nota. Les dimensions de cet article seraient assurément hors de mesure pour un journal français; mais en Espagne un journal consciencieux est une chaire d'où doit partir l'enseignement du droit constitutionnel, si peu connu dans ce beau et malheureux pays où, jusqu'à présent, les fruits de la science n'ont poussé qu'en serre chaude.

TENTATIVES DE RÉGICIDE.

INVIOLABILITÉ DU ROI.

LIBERTÉ DE LA PRESSE.

***

Madrid, 4 juillet 1836.

Si la tentative de régicide qui vient de jeter la consternation en France* était un crime isolé comme celui qui rendit si horriblement fameux Ravaillac, Jacques Clément, Damiens et Louvel, l'examen de ses causes serait une question abandonnée au phré-

* L'attentat d'Alibaud.   (*Note de la traduction.*)

nologiste curieux d'étudier les aberrations cérébrales auxquelles peut donner lieu le fanatisme religieux ou politique. Mais quand on considère que cette tentative a été précédée, à fort peu de distance, par la conspiration de Neuilly, dont les tribunaux se sont occupés tout récemment; par la machine infernale de Fieschi et consorts; et par le coup de pistolet qui fut trop réellement tiré sur le pont Royal, quoique l'ordinaire impudeur de l'esprit de parti ait cherché à l'attribuer, ainsi que beaucoup d'autres trames d'une aussi coupable nature, à des spéculations de police; quand on remarque surtout que ce nombre inouï d'attentats a été dirigé contre la vie d'un roi qui, loin d'avoir pu exciter jamais la haine populaire, ni par son caractère personnel, ni par sa conduite politique, a conservé sur le trône les vertus qui, comme père, comme époux, comme soldat, comme citoyen, l'avaient recommandé au libre choix des Français; on est forcé d'attribuer le crime à une cause qui agit, non plus sur les prédispositions de quelques organisations individuelles, mais sur les élémens constitutifs de la société, et qui a bouleversé, perverti les premières notions du bien et du mal.

Cette cause n'est autre, aux yeux de ceux qui ont observé la marche de la révolution de 1830, que la déplorable exaltation qui a dénaturé les plus saines doctrines politiques, et l'abus qui s'en est suivi de toutes les libertés conquises en juillet. Le dire et le répéter mille fois aux peuples est l'usage le plus généreux que la presse honnète puisse faire de sa noble mission; et dans aucun pays le bienfait d'austères admonitions ne peut ètre ni plus opportun ni plus efficace qu'en Espagne où, par cela même qu'il s'agit d'y introduire et d'y réaliser les plus larges avantages du gouvernement représentatif, il convient de signaler ses dangers et d'enseigner les moyens de les prévenir.

La division des libéraux en *modérés* et *exaltés*, qui afflige aujourd'hui l'Espagne, est de tous les temps et de tous les pays; et malheureusement les efforts tentés pour les réunir ont toujours été vains, parce qu'il n'a jamais été possible de fixer dans des limites déterminées le programme des exigences du parti exalté. A des prétentions satisfaites ont succédé toujours d'autres prétentions à satisfaire; et à chaque halte qu'on a voulu faire sur un point primitivement désigné par les plus exigeans, comme terme de la carrière des concessions, on a vu transplanter sur un autre point plus éloigné le but véritablement inaccessible d'insatiables ambitions. Si nous consultons les annales de la première révolution française, nous voyons Mounier, Lally-Tolendal et les autres partisans de la constitution anglaise, qui peu avant était regardée en France comme trop libérale pour le pays, traités bientôt de stationnaires par la gauche triomphante de l'assemblée, laquelle, à son tour, fut accusée de faiblesse par les girondins de la législative. Ceux-ci parurent tièdes à Camille Desmoulins, Danton et les leurs. Ce même Danton, inventeur du système de la terreur, et organisateur des boucheries de septembre, fut, ainsi que ses amis qu'on appelait les *indulgens*, désigné et sacrifié par Robespierre, comme modéré, stationnaire, rétrograde ; et enfin de semblables reproches ne tardèrent pas à être appliqués au sanguinaire Robespierre lui-même par l'ultra-révolutionnaire Hébert et ses furibonds *épauletiers*. Si nous passons à la révolution de 1830, nous remarquons que dans le premier mouvement les insurgés les plus exaltés ne demandaient que la révocation des ordonnances parjures et le renvoi des traîtres conseillers de la couronne. Peu après trois rois furent détrônés ; on exigea la révision de cette même charte pour l'intégrité de laquelle on s'était battu aux barricades de la veille ; on rêva une fantastique monarchie entourée d'institutions républicaines ; on finit par proclamer la république avec son horrible attirail de 1793, la république de Marat et de Robespierre.

Que les Espagnols méditent sur ces exemples de l'insatiabilité des exaltés, et ils reconnaîtront que quelque larges que deviennent les réformes qu'on va introduire dans la constitution politique de l'État, on verra leur survivre les clameurs intéressées de l'hypocrite parti qui prétend être l'unique défenseur des intérêts populaires. C'est une condition commune aux partis comme aux individus de désirer davantage à mesure que les désirs se satisfont, et de même qu'il serait imprudent et cruel d'accéder aux continuelles et croissantes exigences de l'imprudent enfant, on arrive aussi en politique à un point où il devient généreux d'opposer de la résistance aux prétentions des partis ; car on ne peut pas moins appliquer à l'homme politique qu'à l'homme moral cette définition d'un sage : *Homo puer robustus.*

Que ces hommes violens, auxquels la société refuse de se soumettre, exhalent, à la bonne heure, leur dépit à la tribune ou dans les journaux ; qu'ils couvrent leur ambition sous le voile du bien public, comme ils en ont l'habitude. Mais pour qu'ils cessent d'être dangereux, il faut que le peuple s'habitue à entendre avec indifférence leurs systématiques déclamations, et à penser de lui-même sur ce qui convient le mieux à ses intérêts positifs ; il faut surtout que le législateur assigne à ces déclamations des limites dont les besoins de la morale et de l'ordre public doivent donner la mesure ; car, dans le cas contraire, ces hommes violens traînent, quelquefois sans le vouloir, à la suite de leurs fallacieuses doctrines, l'anarchie, la rapine, l'incendie, l'assassinat, le régicide.

Nous savons bien que le parti politique dont nous voulons parler a dans ses rangs un grand nombre d'hommes honnêtes qui, à la vue des excès dont le fanatisme souille fréquemment leurs doctrines, prennent une part sincère au deuil public, et qui repoussent avec une généreuse indignation les secours du crime. Mais la pureté de leurs intentions doit-elle suffire pour les laver de toute complicité? Quand, dans leurs prédications journalières, ils dégagent de tout frein leur fougueuse imagination, ignorent-ils que ceux qui les écoutent ou les lisent sont pour la plupart des hommes simples qui cèdent aisément à la fascination de leurs maximes éblouissantes, des hommes pauvres de discernement qui, nouveaux Juifs, ne peuvent saisir l'esprit de leurs prophètes, s'arrêtent embarrassés dans la lettre du texte, et sont prêts à sacrifier la divinité qui se révèle à eux, la véritable liberté, par excès d'amour pour cette divinité même? Qu'on parle, par exemple, à ces hommes simples de la souveraineté du peuple. On s'efforcera vainement d'ajouter, comme correctif, que ces mots ne sont que l'énonciation théorique d'un principe; que le pouvoir de cette souveraineté se trouve plus ou moins implicitement abdiqué dans toutes les transactions politiques qu'on nomme constitutions, et refondu dans la fiction légale qui lui a substitué les pouvoirs constitutionnels. Ils ne comprendront point, eux, les abstractions de l'explication; ils ne seront frappés que du sens matériel des termes absolus de la proposition, et on les verra se livrer aveuglément à des désordres qui pourtant ne sont à personne plus funestes qu'à eux-mêmes.

Voilà précisément quelle a été l'origine des criminelles tentatives qui ont mis en danger la vie du roi des Français. Le parti politique qui voulait que la révolution de juillet déchirât tous les traités de la France avec les autres puissances de l'Europe, et portât partout la propagande ou la guerre; qui demandait le vote universel avec toutes les autres institutions républicaines qui en sont la conséquence; et qui avait reconnu que sous la monarchie du 9 août il n'atteindrait jamais son but, ne tarda pas à conspirer pour le rétablissement de la république pure et simple. Il lui fallait commencer par gagner aux idées républicaines les sympathies populaires, et mettre conséquemment tout en œuvre pour discréditer le système monarchique. Le moyen le plus efficace qui s'offrait naturellement à lui était d'atténuer, de détruire le prestige personnel du nouveau roi; car si le peuple, après s'être vu forcé à détrôner Charles X et sa descendance, arrivait à se persuader que le grand œuvre de la félicité publique était impossible même au roi-citoyen, objet de tant de louanges et de tant de bénédictions à son avènement au trône, il est clair qu'on obtenait un puissant argument *à fortiori* contre tous les rois en général; et il devenait facile de démontrer que le mal que, dans les trois glorieuses journées, on avait cru borné à une simple question dynastique, était inhérent à la nature même de l'institution monarchique.

On travailla donc avec ardeur, et par mille voies, à l'exploitation du perfide moyen convenu. Il n'est pas possible de se faire une idée du déchaînement de la presse, de la gravure et de la lithographie pendant les cinq ans qui suivirent la révolution; il ne se passa pas un seul jour sans qu'une caricature nouvelle, sans qu'un nouvel article, tantôt sérieux, tantôt burlesque, n'excitât contre la personne du roi la haine ou le mépris, le ridicule ou l'indignation. Les tribunaux s'efforcèrent en vain de poursuivre et de punir les délits. La fréquence même de cette intervention de la magistrature, la terreur imposée aux jurés par les menaces d'une presse audacieuse, l'insuffisance des peines portées dans la loi, les précautions enfin prises le plus souvent par les coupables pour cacher le venin de leurs traits sous des formes inoffensives, laissèrent souvent triompher la diffamation et la calomnie; et dès lors il ne fut plus difficile de prévoir que tant et de semblables attaques dans un pays qui jamais, sous aucune forme de gouvernement, n'avait vu offenser par la presse la personne toujours sacrée de ses rois, finiraient par produire, tôt ou tard, les effets que leurs auteurs s'en étaient promis.

Il est difficile et par trop répugnant d'avancer que tous les écrivains qui mirent à l'œuvre cette infernale tactique, avaient précisément en vue de provoquer à l'assassinat du roi. Beaucoup d'entre eux peut-être ne dirigeaient leurs traits sur Louis-Philippe que pour saper l'institution qu'il représente; mais, nous l'avons déjà dit, la subalterne milice du parti n'entend rien aux abstractions; et tandis que ses chefs acéraient leurs argumens contre la royauté, elle aiguisait, elle, ses poignards pour frapper le roi. C'est la presse, il n'y a pas à en douter, et tous les bons citoyens en France l'ont reconnu, d'accord avec le Gouvernement et les Chambres, c'est la presse qui a suscité et alimenté les idées de régicide, si scandaleusement professées dans ces derniers temps par la populace du parti français qu'on est convenu de nommer républicain. On a sans doute lieu d'être surpris que dans un pays renommé par l'aménité de ses mœurs, quatre monstres aient pu se rencontrer, qui fussent capables de concerter le jeu de l'infernale machine de Fieschi; mais la surprise augmente, s'il est possible, quand on considère que plus d'un fanatique est allé répandre des fleurs et des lauriers sur la tombe de Pepin et de Morey, et que deux jeunes gens ont poussé l'égarement jusqu'à faire, expressément, un voyage de deux cents lieues pour porter aux mânes de ces misérables le tribut d'une couronne d'immortelles.

Instruisons-nous du moins à la funeste école de nos voisins; et quand nous allons entrer sans expérience dans l'usage de la liberté de la presse, de cette liberté qui doit produire tant de biens, mais qui peut aussi quelquefois traîner tant de maux à sa suite; que nos législateurs ne laissent pas la couronne exposée aux dangers qui peuvent menacer son honneur et sa sûreté. Il ne suffit pas de consigner stérilement dans le code fondamental que la personne royale est inviolable et sacrée. Il faut assurer contre la témérité de la presse la réalité de ces indispensables prérogatives : la société tout entière y est intéressée; et ce ne seront certainement point les dispositions insuffisantes du rachitique projet de loi présenté dans la dernière session qui pourront obtenir ce résultat, parce que les peines y sont trop légères pour les cas graves dont il s'agit. Quand, dans plus d'une occasion, nous avons déjà vu nos écrivains braver avec plaisir la chance d'une amende de 2,000 réaux pour satisfaire des passions communes et passagères, pourrons-nous espérer que la crainte d'une peine, qui n'est pas de beaucoup plus sévère, suffise à les contenir, alors que la liberté de la presse les aura engagés dans des luttes plus hardies et plus passionnées? Le danger est grand; les mesures destinées à le prévenir doivent être grandes aussi; et puisque, en matière de délits de presse, l'humaine prévision ne saurait imaginer d'autre moyen de prévention directe que la censure préalable, moyen justement réprouvé comme incompatible avec la liberté que doivent avoir les citoyens de publier leurs opinions, qu'on introduise du moins dans la loi répressive, qui doit régler l'usage de cette liberté, des dispositions tellement rigoureuses, en ce qui aura trait aux offenses à la personne du roi, qu'elles suppléent en tant que possible aux mesures préventives dont l'emploi devient impossible; et, disons-le tout-à-fait, qu'on admette dès à présent en Espagne, par précaution, une législation semblable à celle qui, par nécessité, a été adoptée, en septembre dernier, par les Français épouvantés.

Suivant cette nouvelle législation, tout_ excitation etc. (*suit, dans l'article original, un exp... succinct des dispositions de la loi du 9 septembre, relatives aux attentats, crimes et délits qui, par la voie de la presse, peuvent être commis contre la personne du roi.*)

Nous n'ignorons pas que la loi qui renferme ces dispositions sévères a été considérée comme exceptionnelle et réactionnaire par les partis extrêmes contre lesquels elle a été rendue, et qu'on a supposé que sa rigueur inusitée ne pourrait subsister longtemps. Nous avouons cependant que, quant à nous, nous la jugeons de tous points compatible avec l'état normal d'un pays constitutionnel quelconque. Une fois consacré, une fois affranchi de toute censure préalable, le droit d'exposer les besoins et les misères des gouvernés, et de censurer largement tous les actes des gouvernans, nous ne comprenons point comment un écrivain honnête homme peut, de bonne foi, se plaindre d'une rigueur dont la loi ne menace que des délits qu'il ne peut jamais être nécessaire de commettre pour tirer de la liberté de la presse tous les avantages légitimes qu'on peut s'en promettre. D'abord, quand nous considérons la gravité et surtout la transcendance de tout délit d'offenses à la personne royale, nous ne trouvons point hors de proportion les châtimens désignés dans la loi de septembre, et quand bien même il y aurait effectivement dans cette loi, entre les délits et les peines, la disproportion que nous n'admettons pas, nous remarquerions que l'intention du législateur tendit, sans doute, bien plutôt à prévenir, à rendre en quelque façon impossibles les délits dont il s'agit, qu'à les punir ; et que, pour arriver à un résultat aussi salutaire, il dut être permis d'avoir recours à d'énergiques moyens d'intimidation, ainsi que l'avoua d'ailleurs, très-franchement, le ministre M. Guizot, à la tribune de la Chambre des députés. Quoi qu'il en soit, il nous paraît éminemment convenable, et jusqu'à un certain point indispensable, de modeler, autant qu'on le pourra, notre loi de la presse sur la législation qui existe maintenant en France, parce que nous y voyons l'unique moyen de prémunir l'Espagne contre les maux qui ont trop fréquemment affligé nos voisins*.

---

* Comme les attentats d'Alibaud et de Meunier sont postérieurs à la loi du 9 septembre 1835, on a cherché à en déduire l'impuissance préventive de cette loi. Mais on ne veut pas remarquer que ce n'est point le régicide que la loi, dans sa portée immédiate, tend à prévenir, mais la propagation des mauvaises doctrines qui y poussent. Or, on a bien pu, dans ce sens, imposer à la presse des entraves dont un avenir plus ou moins éloigné pourra seul apprécier le bienfait, sans pour cela prétendre affranchir le présent des effets possibles du délire qu'ont dû nécessairement produire, dans quelques esprits, les imprudentes et criminelles prédications de cinq années d'une licence inouïe. La législation de septembre ne pouvait de sitôt réagir sur les funestes influences déjà produites. Mais comme en Espagne, heureusement, la presse a jusqu'à ce jour respecté la royauté, les effets d'une législation semblable y seraient plus complets, plus immédiats, puisqu'il suffirait d'y prévenir un mal dont en France il y avait en même temps à arrêter le cours et à empêcher le retour.

(*Note de la traduction.*)

Nous ne nous dissimulons pas que la franchise avec laquelle nous nous sommes expliqués en matière si délicate, peut exposer nos intentions à des interprétations calomnieuses. Que nous importe? Quand nous prenons la plume, nous n'avons point l'habitude de nous inquiéter de l'effet que peuvent produire nos écrits; qu'ils soient agréables ou amers au pouvoir ou au peuple, ce n'est point là ce qui nous occupe : nous cherchons uniquement à dire, à tous, des vérités utiles. Amis sincères de la liberté, nous voulons voir en Espagne, florissant et consolidé, le gouvernement représentatif avec toutes ses conséquences; mais nous ne croyons pas que pour obtenir ces biens il soit jamais nécessaire, dans aucun cas, d'assassiner ni les rois, ni *personne*. Nous avons jugé utile de le dire; nous l'avons dit.   A.

(Cette lettre A était la signature pseudonymique des articles publiés à Madrid dans la *Revue espagnole* par son ancien rédacteur en chef M. Grimaldi, Français, ex-commissaire des guerres-adjoint, et lieutenant de la garde nationale de Toulon dans les cent jours.)